Collection de M. Al. D.... fils

Alexandre Dumas fils et Didier

Exemplaire de l'expert Barre

TABLEAUX

ANCIENS & MODERNES

Vente le Mardi 28 Mars 1865

M⁰ Charles OUDART
COMMISSAIRE-PRISEUR

M. Émile BARRE
EXPERT

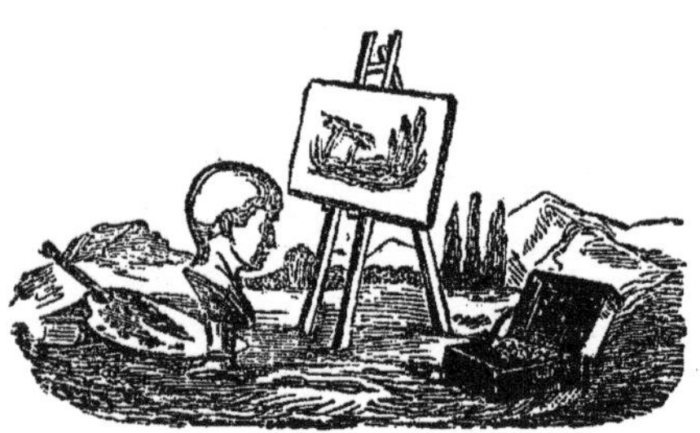

Renou et Maulde, Imprimeurs de la Compagnie des Commissaires-Priseurs,
rue de Rivoli, 144.   39671

CATALOGUE

DES

TABLEAUX

IMPORTANTS

DES

ÉCOLES MODERNE, FRANÇAISE & HOLLANDÁISE

AQUARELLES & DESSINS

COMPOSANT LA

COLLECTION DE M. AL. D.... FILS

PARMI LESQUELS

Le Tasse dans la Prison des Fous

TABLEAU CAPITAL D'EUGÈNE DELACROIX

BUSTES EN MARBRE & PORCELAINES DE SÈVRES

DONT LA VENTE AUX ENCHÈRES PUBLIQUES AURA LIEU

HOTEL DROUOT, SALLE N° 5

Le Mardi 28 Mars 1865

A TROIS HEURES PRÉCISES

Par le ministère de M° **CHARLES OUDART**, Commissaire-Priseur,
Cité d'Antin, n° 8;
Assisté de **M. E. BARRE**, Expert, rue de la Boule-Rouge, 7,
CHEZ LESQUELS ON E DISTRIBUE LE PRÉSENT CATALOGUE.

EXPOSITIONS { PARTICULIÈRE : le Dimanche 26 Mars } de 1 heure à 5 heures
{ PUBLIQUE : le Lundi 27 Mars 1865 }

PARIS — 1865

CONDITIONS DE LA VENTE

Elle sera faite au comptant.

Les Acquéreurs paieront, en sus du prix d'adjudication, CINQ pour CENT, applicables aux frais de la vente.

Le Catalogue se distribue :

à Paris........	Chez MM.	OUDART, Commissaire-Priseur.
Id..........	—	BARRE, Expert.
Bruxelles....	—	Etienne LENOY.
Id........	—	HOLLENDER.
Liège........	—	VAN MARKE.
Rotterdam..	—	LAMME.
Amsterdam..	—	DE WRIES.
Berlin........	—	LEPKÉ.
Londres......	—	FARREB.
Id........	—	COLNAGHI.

La Vente que nous annonçons se compose d'œuvres d'un choix rare où se reconnaît le goût d'un
esprit délicat. Dans cette Collection, soigneusement
épurée, il n'y a rien que d'exquis et de significatif ;
chaque maître y est représenté par une des plus belles
et des plus fraîches fleurs de son bouquet.

On peut dire hardiment qu'il n'existe pas ailleurs
une toile d'EUGÈNE DELACROIX supérieure au *Tasse
dans la prison des fous*. Le malheureux poète est
assis, la tête appuyée sur la main, en proie à une
méditation profonde, cherchant à ressaisir sa raison
ébranlée qui se trouble au spectacle vertigineux de
la folie. Autour de lui grimacent les aliénés avec
leurs poses bestiales, leurs rires idiots, leurs regards
vagues et leurs gestes détraqués que ne commande
plus le cerveau. Le quadrumane apparaît sous
l'homme abandonné par la pensée, et ces bouches

entr'ouvertes poussent des cris confus où les glous-
sements se mêlent aux paroles.

Cependant le poète s'abstrait du milieu qui l'en-
toure et rêve peut-être aux brillantes salles du palais
de Ferrare, à cette Éléonore si cruelle, à cet Alphonse
si ingrat...

Ce tableau, qui contient toute la puissance de
drame, toute la profondeur de poésie et toute la fauve
ardeur de coloris du grand maître, a le privilége,
rare dans son œuvre, de joindre le fini le plus parfait
à sa fougue ordinaire d'exécution. Les extrémités y
sont étudiées avec un soin qu'on regrette parfois de
ne pas trouver dans ses toiles les plus célèbres. Le
Tasse dans la prison des fous peut hardiment se clas-
ser parmi les meilleurs tableaux de chevalet d'Eugène Delacroix : le *Marino Faliero*, le *Massacre de
l'évêque de Liége*, l'*Hamlet avec les fossoyeurs* et la
Barque de Don Juan. C'est un cadre tout à fait hors
ligne, dont la vraie place serait dans un Musée natio-
nal ou dans une galerie princière.

Riesener est le cousin d'Eugène Delacroix autant
par la couleur que par les liens du sang. La *Léda*
est un des meilleurs morceaux qui soient sortis de
cette brosse habile à rendre les souplesses de la chair,
le frémissement de la vie, le grain de l'épiderme, les
luisants satinés de la lumière, la joyeuse fleur de
santé dont la jeunesse veloute un jeune corps. Si la
Léda de Riesener ne ressemble pas d'une manière
bien grecque à la Tyndaride, ce n'en est pas moins
une charmante jeune fille qui, renversée sur les ro-

vant elle. Mais, qui a vu une fois Rachel reconnaîtra tout de suite ce front appelant la lumière, ces yeux noirs et profonds dans ce masque de marbre pâle et cette bouche fine dont un léger sourire ironique arquait les coins abaissés. Quoique femme, Mme O'Connell possède les plus mâles qualités de la peinture, et sa brosse pose sur la toile une pâte qu'on pourrait croire dérobée à la palette de Rembrandt.

On ne saurait imaginer un TROYON plus frais, plus argenté, plus lumineux que les *Chèvres broutant des roses trémières*. Elles s'en donnent à cœur joie et fourragent les belles fleurs roses, jaunes et blanches, splendeur du parterre, comme si c'étaient des bourgeons de ronce ou des brindilles de haie au bord d'un chemin creux.

Les *Bords de l'Oise*, de THÉODORE ROUSSEAU, sont illuminés d'un vif rayon de soleil qui part d'un nuage orageux et fait scintiller d'un pétillement blond les arbres de la rive. C'est un des bons paysages de l'artiste et il est venu dans un heureux moment d'inspiration.

Les anciens tableaux de ce cabinet valent les modernes pour la certitude, le choix et la belle conservation ; la spirituelle école du dix-huitième siècle y est représentée par un délicieux PATER digne de Watteau : c'est une compagnie galante, une sorte de Décameron réuni dans un paysage semblable à un décor d'opéra ; les jupes de soie s'étalent gracieusement sur l'herbe et un galant présente à l'un des groupes causeurs un plateau de rafraîchissements.

Quels fins sourires, quels yeux pétillants de malice, quelles jolies fossettes indiquées d'un coup par cette preste touche en virgule, signature de Pater !

De tous les petits maîtres du xviiie siècle, DROUAIS est peut-être un des plus en vogue aujourd'hui, et avec raison, car c'est un véritable peintre doué, sous son apparente frivolité, des qualités les plus sérieuses. Les *Enfants de France* jouant avec un chat valent les *babies* les plus frais et les plus ingénus de Reynolds et de Gainsborough.

Les *Deux Amis*, de GREUZE, un enfant et un chien, ont toute la grâce et le sentiment de ce maître si cher à Diderot, le premier critique d'art dans le sens moderne que nous ayons eu.

Citons aussi un paysage ou plutôt une *Marine* de CLAUDE LORRAIN, trempée dans l'or pâle et fluide du matin. Les édifices baignant leurs escaliers dans la mer, les vaisseaux à l'ancre ou gonflant leurs voiles nagent dans cette atmosphère d'ambre dont Turner essaya vainement d'arracher le secret à Claude Lorrain.

N'oublions pas deux magnifiques portraits de MIREVELT, signés et datés de 1632 et de 1634, le mari et la femme sans doute ; la femme, avec la fraise tuyautée, son costume noir, ses gants qu'elle tient à la main, son teint pâle et son air flegmatique, a une intensité de vie effrayante.

Deux mots encore pour deux tableaux très-importants de MIGNARD, qui représentent le *Prince et la Princesse de Conti*, le *Duc et la Duchesse de Guise*, réunis chaque couple dans le même cadre, et pour un RUBENS d'une qualité de ton splendide, où est peinte, sous une forme allégorisée à la mode du temps, *Marie de Médicis*, costumée en Minerve ou Bellone, accompagnée d'une de ses dames d'atours.

Rappelons, pour finir, qu'il y a dans cette galerie de charmants et purs échantillons de NATTIER, BOUCHER, VANLOO, CHARDIN, deux bustes en marbre de *Flore* et de *Zéphire*, et un magnifique *Pot de vieux Sèvres, en pâte tendre*, bleu turquoise, orné de médaillons, de fleurs, avec sa cuvette de même style, de la pureté la plus exquise et de l'intégrité la plus entière.

TH. G.....

DÉSIGNATION

DES

TABLEAUX

TABLEAUX ET AQUARELLES MODERNES

CHARLET

1 — La Bonne année.

(Aquarelle.)

EUGÈNE DELACROIX

2 — Le Tasse dans la prison des fous.

H. 48 c. L. 32 c.

DECAMPS

3 — L'Enfant au Lézard.

H. 37 c. L. 45 c.

DECAMPS

4 — Café Turc.

H. 31 c. L.

DECAMPS

5 — Le Mendiant au Singe.

DIAZ

6 — La Danse des Amours.

H. 32 c. L. 46 c.

DIAZ

7 — La Première Lettre.

H. 20 c. L. 13 c.

GAVARNI

8 — Suite de vingt aquarelles : personnages du roman de la Dame aux Camélias.

Ces aquarelles, d'une exécution très-fine, ont été faites pour l'édition illustrée de cet ouvrage.

JONGKIND

9 — Effet de nuit. — Environs de Paris.

GÉRICAULT

10 — Étude académique.

O'CONNEL (Mme)

11 — Portrait de Mlle Rachel.

H. 1 m. 10 c. L. 70 c.

MADOU

12 — Les Politiques de village.

(Crayon noir rehaussé d'aquarelle.)

MEISSONIER

13 — Le Seigneur Polichinelle.

H. 12 c. L. 8 c.

MEISSONIER

14 — Les Joueurs d'échecs.

(Dessin à la plume.)

MEISSONIER

15 — Le Jaloux.

Sujet tiré des Contes Rémois.

(Dessin au crayon noir rehaussé de blanc.)

REYNOLDS

16 — Vue de Saint-Cloud.

H. 27 c. L. 42 c.

RIESENER

17 — Léda.

H. 1 m. L. 1 m. 20 c.

RIESENER

18 — Bacchante.

H. 1 m. 05 c. L. 1 m. 53 c.

TH. ROUSSEAU

19 — Les Bords de l'Oise.

H. 40 c. L. 60 c.

TASSAERT

20 — Le Rêve.

H. 40 c. L. 31 c.

TROYON

21 — Chèvres broutant des roses trémières.

H. 84 c. L. 64 c.

VÉRON

22 — Route à travers bois.

H. 48 c. L. 28 c.

VIDAL

23 — Tête de jeune femme.

(Dessin rehaussé)

TABLEAUX ANCIENS

BOUCHER

24 — Portrait de la marquise de Pompadour dans son atelier.

H. 1 m. 85 c. L. 1 m. 28 c.

BOUCHER

25 — Groupe de quatre Amours.

H. 75 c. L. 93 c.

CHARDIN

26 — Portrait de Mme Geoffrin.

H. 83 c. L. 62 c.

CHARLIER

27 — Le Lever.

(Gouache.)

COYPEL (1725)

28 — Le Triomphe d'Amphytrite.

H. 1 m. 07 c. L. 1 m. 25 c.

COYPEL

29 — Ariane abandonnée.

H. 1 m. 07 c. L. 1 m. 25 c.

DEBUCOURT

30 — Les cinq Sens.

H. 26 c. L. 21 c.

DESPORTES (1736)

31 — Fleurs dans un vase; sur une console, une
coupe de fraises.

H. 1 m. 16 c. L. 78 c.

DROUAIS (F. Hubert)

32 — Portraits de Mme Elisabeth et du comte de
Provence, enfants.

H. 77 c. L. 1 m. 03 c.

DROUAIS

33 — Portrait de Mme de Pompadour.

H. 52 c. L. 44 c.

DROUAIS

34 — Portrait de Mme du Barry.

H. 52 c. L. 44 c.

GREUZE

35 — Les Deux Amis.

H. 00 c. L. 00 c.

HUYSMANS DE MALINES

36 — Paysage avec figures.

H. 27 c. L. 35 c.

CONSTABLE

37 — Chaumière sous bois.

Superbe copie d'après Hobbema.

H. 70 c. L. 55 c.

LORRAIN (Claude Gelée, dit le)

38 — Marine. Effet de soleil levant.

H. 60 c. L. 80 c.

LEDOUX (Mlle)

39 — L'Oiseau mort.

H. 53 c. L. 45 c.

LÉPICIÉ

40 — Tête de petite fille.

H. 18 c. L. 15 c.

MIGNARD

41 — Portraits du prince de Conti et de la princesse de Conti (*Anne Martinozzi, nièce de Mazarin*).

H. 1 m. 16 c. L. 1 m. 55 c.

MIGNARD

42 — Portraits du duc de Guise et de la duchesse de Guise (*Élisabeth d'Orléans, dite Mademoiselle d'Alençon, petite-fille d'Henri IV*).

H. 1 m. 15 c. L. 1 m. 55 c.

MIREVELT (Signé et daté 1634)

43 — Portrait d'une dame de qualité en costume
noir avec collerette blanche et tenant des
gants à la main.

H. 1 m. 10 c. L. 80 c.

MIREVELT (Signé et daté)

44 — Portrait d'un personnage en costume noir.

(Pendant du précédent.)

H. 1 m. 35 c. L. 80 c.

NATTIER

45 — Portrait de Mademoiselle Victoire, fille de
Louis XV.

H. 1 m. 18 c. L. 95 c.

PATER

46 — Réunion galante dans un parc.

Composition de vingt et une figures.

H. 87 c. L. 1 m. 10 c.

H. RIGAUD

47 — Portrait de la duchesse de Sully (*fille du chancelier Séguier, et femme en secondes noces du duc de Verneuil, fils légitimé de Henri IV*).

H. 80 c. L. 65 c.

RUBENS

48 — Portrait de Marie de Médicis et d'une de ses dames d'atour.

Elle est allégoriquement représentée en Minerve.

H. 00 c. L. 00 c.

TENIERS

49 — Le Buveur.

H. 17 c. L. 15 c.

TÉNIERS

50 — Le Fumeur.

H. 17 c. L. 15 c.

VANLOO (Michel)

51 — Portrait de Mlle de Montron.

H. 62 c. L. 51 c.

VANLOO (1765)

52 — Portrait de Mme de Censy.

H. 62 c. L. 51 c.

VIGÉE (1785)

53 — Portrait de Mme de Polignac.

H. 62 c. L. 51 c.

(Pastel.)

MARBRES

54 — Flore.

55 — Zéphyr.

Deux bustes en marbre sur leurs piédestaux.

PORCELAINE

56 — Un pot et sa cuvette en vieux Sèvres, pâte tendre, ancien *décor bleu turquoise*, avec médaillons de fleurs.

Renou et Maulde, Imprimeurs de la Compagnie des Commissaires-Priseurs, rue de Rivoli, 144.

39671

BORDEREAU D'ADJUDICATION

Vente   rue *[illisible]*

Doit M. **Barre**

rue

Mᶜ Charles **OUDART**, Commissaire-Priseur, Cité d'Antin, 8

CHAUSSÉE D'ANTIN ET RUE DE PROVENCE

A-COMPTE :

ARTICLES du procès-verbal	NUMÉROS du catalogue		FR.	C.	FR.	C.
	22	1 Sauvage	Péron		101	
	10	1 Côte			[illisible]	
	5	1 Tasse			101	
	36	1 Soucoupe	[illisible]		70	
	27	1 Miniature			187	
	119	1 Valet. ou [illisible]			[illisible]	
	16	1 Sauvage	[illisible]		[illisible]	
	23	1 Groupe			[illisible]	
	33	1 Fauteuil			[illisible]	
	34	1			[illisible]	
	14	1 [illisible]			1150	
	1	1			1120	
	[illisible]	1			970	
	35	1 Tableau	[illisible]		1020	
	35	1			900	
	31	1			560	
	34	1 [illisible]	—		3400	
	32	1 [illisible]			3400	
		A reporter.			[illisible]	

ARTICLES du procès-verbal	NUMÉROS du catalogue		FR.	C.	FR.	C.
		D'autre part.				
16	1	Tableau			4900	
13	1	"			6000	
17	1	"			3400	
18	1	"			1500	
24	1	Satrasse			1400	
38	1	marine			2[illegible]	
16	1	[illegible] couvette			[illegible]	
2	1	Tableau			4900	
41-42	2	"			1600	
3	1	[illegible]			125	
					[illegible]	"
					[illegible]	"
					[illegible]	"
					[illegible]	"